RL Books
is part of "Revista Letrare"
www.revistaletrare.com
info@revistaletrare.com

CIP Katalogimi në botim BK Tiranë

Kiçi, Dritan
Zhvillimi i komunikimit dhe shmangia e belbëzimit te
fëmijët 2 deri në 6 vjeç / Dritan Kiçi ; red. Ornela
Musabelliu. – Tiranë : RL, 2020
72 f. ; 12.7x20.3 cm.
ISBN 978-9928-324-00-9

1.Çrregullime të të folurit 2.Logoterapia 3.Fëmijë

616.89 -008.434 -053.2/.3
615.851.135 -053.2/.3

Design: Shqipto.com
Cover image: Daria Shevtsova

Dritan Kiçi

ZHVILLIMI I KOMUNIKIMIT
dhe shmangia
e BELBËZIMIT
te fëmijët 2–6 vjeç

Lënda

Dedikuar të gjithë atyre,
që fjala u është kthyer në dhimbje

Mendo sikur je në një konkurs ku mund të fitosh 1 milion euro, vetëm po t'i përgjigjesh një pyetjeje. Drejtuesi bën pyetjen dhe menjëherë, natyrshëm, në mendje të vjen përgjigja. Është një fjalë e vetme dhe, sapo ta thuash, ua ke hedhur halleve. Merr frymë e bëhesh gati ta thuash me gjithë shpirt atë fjalë, por fryma të ngec. Asnjë tingull nuk të del nga goja. Gjoksi të shtrëngon, sikur dikush të ka mbledhur zemrën në një grusht hekuri e nuk e lë të rrahë. Koha në dispozicion mbaron dhe 1 milion eurot të kanë ikur nga duart.

Përveç inskenimit teatral të konkursit dhe 1 milion eurove, gjithçka tjetër ndodh çdo ditë, çdo orë, çdo minutë, çdo sekondë e shpesh në çdo fjalë.

Një për qind e popullsisë së botës, nuk arrin të thotë lirshëm ato gjëra të bukura që ka brenda vetes. Mbi ta rëndon kryqi i mundimit për një faj që nuk e kanë bërë. Janë objekt i talljeve dhe persekutimit shoqëror. Janë 1% e dashurive të pathëna të botës.

Këta 1%, janë belbëzuesit, të vetmit njerëz, të cilëve (siç kam qejf të them me shaka) dhe vetë zoti u ka shkelur nenin 19 të Deklaratës Universale të të Drejtave të Njeriut, u ka hequr të drejtën e fjalës së lirë.

Parathënie

Ky libër është për prindërit e shqetësuar se mos vallë fëmija i tyre nuk po zhvillon komunikimin me hapat e duhur ose ashtu siç duhet. Një nga çrregullimet më të shpeshta në komunikim është belbëzimi, me pasoja në jetën e njeriut, ndaj për këtë arsye edhe shqetësimi i prindërve është më i madh.

Jo shumë kohë më parë, në një bisedë me nënën time, kur i thashë se një pjesë e mirë e notave të mia të këqija në shkollë ishin si pasojë e belbëzimit dhe paaftësisë që ndieja për të shprehur atë që desha në sytë e mësuesve, e habitur më tha: "Bir, ti nuk na e kishe thënë kurrë këtë!". Kishte të drejtë. Nuk ua pata thënë asnjëherë. Pyetja e duhur do ishte se pse nuk ua kisha thënë dhe pse ata, prindërit e mi, nuk arritën të kuptonin se djali i tyre, siç belbëzonte në shtëpi, në të njëjtën vështirësi duhet të ishte dhe në shkollë. Ishte faji im që nuk ua thashë? Ndoshta po e ndoshta jo! Në atë kohë, ashtu si edhe sot, arsimtarët nuk e konsideronin një fëmijë belbëzues të paaftë për të komunikuar normalisht. Për ta ishte (dhe ndoshta është) një fëmijë dembel, i përkëdhelur apo me të meta mendore.

Tek shoh në retrospektivë jetën time, mund të them se, nëse do kisha pasur mirëkuptimin e shkollës dhe prindërve, jetën do e kisha pasur më të lehtë dhe belbëzimi nuk do kish qenë një problem i madh.

Ndaj, që vogëlushët e sotëm të mos bëjnë të njëjtën bisedë me nënën, vendosa të mbledh në këtë libër eksperiencën më të mirë të botës, si një manual i thjeshtë, ku prindërit e

3

shqetësuar të gjejnë çka u duhet të dinë rreth zhvillimit të komunikimit te bijtë e tyre, çrregullimeve në komunikim në përgjithësi dhe belbëzimit në mënyrë të veçantë.

Kur fëmijët në moshë të njomë, nga 2 deri në 6 vjeç, fillojnë të përsërisin tingujt, rrokjet apo fjalët, gjithkush fillon të shqetësohet se mos ky është belbëzimi që pak nga pak po rrënjoset në të folurën e vogëlushit. Shqetësimi fillon të kthehet në alarm kur përsëritjet bëhen më të shpeshta e ndoshta shoqërohen me lëvizje fizike e sjellje jonormale.

Një skenar të tillë e kam parë thuajse tek të gjithë prindërit, që kanë kërkuar informacion mbi belbëzimin dhe ndihmë për parandalimin apo korrigjimin e tij. Për fat të mirë, nëse prindi nuk e lë problemin të zhvillohet më tej, me mendimin "hë, se do i kalojë", ka shumë gjëra që mund të bëjë në shtëpi, me anë të të cilave mund të parandalojë që përsëritja e zanoreve, rrokjeve dhe fjalëve të transformohet në belbëzim kronik.

Më duhet ta them se kur belbëzimi rrënjoset, kthehet në një çrregullim të rëndë, që ndikon dukshëm e shpesh herë në mënyrë të pakthyeshme jetën e njeriut. Një fëmijë që ka frikë të thotë emrin e tij, të bëjë pyetje dhe të flasë me të rriturit apo fëmijët e tjerë, mund të zhvillohet më ngadalë se të tjerët, në aspektin akademik dhe atë social.

Pasi është rrënjosur, te një fëmijë apo i rritur, belbëzimi është vështirë të korrigjohet dhe nganjëherë i pamundur, për shkak të mungesës së theksuar të vullnetit për të vënë në jetë këshillat e specialistëve, gjë që shfaqet shpesh te belbëzuesit, apo edhe për mungesë të mjeteve për t'u përballur me problemin. Megjithëse shumëkush më merr mua si një shembull i suksesit kundër belbëzimit, kjo nuk do të thotë që gjithkush mund të arrijë të njëjtat rezultate. Një ditë me diell nuk bën pranverën!

Megjithatë, te fëmijët nën pesë vjeç apo tek ata që prej rreth një viti kanë shfaqur simptomat e para të çrregulli-

meve në komunikim, kontributi serioz i prindërve dhe ndjekja e përpiktë e këshillave që do gjeni në këtë libër, mund ta parandalojnë rrënjosjen e belbëzimit.

Duhet theksuar edhe një herë se, nga eksperienca, është vërtetuar se zbatimi me përpikëri i këshillave të specialistëve është një domosdoshmëri e paevitueshme. Pa përpjekjet gjithëpërfshirëse të prindërve në shtëpi, e theksoj, këshillat e këtij libri nuk mund të japin rezultate. Siç e kam thënë para disa vitesh edhe në një emision televiziv, "prindërit nuk e shkaktojnë belbëzimin, por ama kanë mundësi të kontribuojnë në mënyrë të pashmangshme në parandalimin e tij dhe moszhvillimin në një problem me pasoja të rënda në jetën e fëmijës". Para se të flasim për belbëzimin dhe mënyrën e parandalimit, mendova se do ishte mirë të hidhnim një shikim kalimthi te problemet në komunikim dhe zhvillimit të tij normal.

Ç'janë ÇRREGULLIMET NË KOMUNIKIM

Çrregullimet në komunikim përmbledhin një gamë të gjerë problemesh të gjuhës, të të folurit dhe dëgjimit. Çrregullimet e gjuhës dhe të të folurit përmbledhin probleme me shqiptimin, çrregullime të zërit, probleme të rrjedhshmërisë, si: belbëzimi, afazia ose vështirësia për të përdorur fjalët (sidomos pas një dëmtimi në tru) dhe vonesat në zhvillimin gjuhësor dhe të të folurit.

Vonesat në gjuhë dhe të folurit te fëmijët mund të kenë shkaqe të ndryshme, duke përmbledhur këtu faktorët ambientalë dhe, në disa raste, humbjen e dëgjimit.

Humbja e dëgjimit përmbledh humbjet e pjesshme të dëgjimit dhe shurdhimin, i cili përshkruhet si humbje e mjaftueshme e dëgjimit për ta bërë komunikimin të vështirë ose të pamundur, pa ndihmën e një aparati amplifikues.

Një pjesë e mirë e çrregullimeve në komunikim vjen si pasojë e problemeve të tjera, si: çrregullime të të nxënit, dëmtime të trurit, vonim i zhvillimit mendor etj. Këto të fundit trajtohen në mënyrë shkencore nga fusha të ndryshme të mjekësisë, por, ndihma e një specialisti në komunikim, është gjithnjë e nevojshme.

Sipas llogaritjeve të bëra, duke marrë parasysh statistikat në shumë vende evropiane, pranohet që 5% e fëmijëve kanë probleme të rënda në komunikim.

Karakteristikat e një fëmije
me çrregullime në komunikim

Një fëmijë me vonesa gjuhësore dhe të të folurit paraqet një numër tiparesh, që fillojnë nga mangësi të theksuara në ndjekjen e sugjerimeve dhe urdhrave, e folur e ngadalshme e shpesh e pakuptueshme, si dhe vështirësi në shqiptim dhe sintaksë. Për ata që nuk e dinë, sintaksa rregullon mënyrën se si vendosen fjalët në një fjali, kurse shqiptimi është mënyra se si njeriu formon tingujt me aparatin e të folurit.

Belbëzimi është një çrregullim i rrjedhshmërisë së të folurit, që, në shumicën e rasteve, shfaqet në vitin e tretë dhe të katërt të jetës së një fëmije dhe që mund të shtrihet nga belbëzim i përkohshëm deri në atë kronik. Nganjëherë zhduket nga e folura e njeriut në adoleshencën e hershme, por ky fakt nuk duhet të bëhet shkas për nënvlerësim nga ana e prindërve dhe edukatorëve.

Çrregullimet e zërit mund të jenë të shumtë, por tipare kryesore kanë mungesën e natyrshmërisë të zërit dhe ndryshimet e menjëhershme të forcës dhe lartësisë së tingullit. Zakonisht, shfaqen në kombinim me të tjera çrregullime në komunikim.

Në rastin e çrregullimeve në dëgjim, fëmija duket sikur nuk arrin të përqendrohet në atë që i thonë; kërkon t'i përsëritet pyetja apo kërkesa e bërë; shpesh flet në mënyrë të pasaktë, duke mos shqiptuar fillimin ose fundin e fjalëve, ose në bisedë shfaqet gjithnjë i hutuar. Çrregullimet e dëgjimit janë më të lehtat për t'u diagnostikuar, falë teknologjive të sotme mjekësore, që arrijnë të diagnostikojnë problemin që në ditët e para të jetës së fëmijës.

Një tjetër problem në komunikim shfaqet kur një fëmijë që flet në dialekt, vendoset në një ambient me një tjetër dialekt ose ku, në përgjithësi, përdoret gjuha letrare. Shpesh, kjo kthehet në një çrregullim gjuhësor.

Pjesa më e madhe e problemeve në komunikim kanë të bëjnë me zhvillimin dhe më pak me anën psikologjike të fëmijës. Si duhet kuptuar kjo? Nëse një fëmijë paraqet shenja çrregullimi psikologjik, ka shumë mundësi që ky të jetë si pasojë e pamundësisë së tij për t'u shprehur lirshëm.

Eksperienca, që mblidhet me anën e gjuhës, është më e rëndësishmja në zhvillimin e fëmijës. Në të shkuarën, shpesh, fëmijët me çrregullime në komunikim izoloheshin dhe mbaheshin në kujdes individual nga personeli mjekësor. Ky sistem përdoret akoma, por shkenca e sotme sugjeron se një fëmijë zhvillohet më mirë kur nuk ndahet nga ambienti normal i moshatarëve të tij, përveç rasteve me çrregullime të rënda.

Bota sot ka inkuadruar kujdesin për çrregullimet në komunikim në kurrikulat e të gjitha shkollave, duke u përballur me problemin në mënyrë natyrale e të pa sforcuar. Një gjë e tillë, akoma mungon në sistemin arsimor shqiptar.

Zhvillimi i të folurit

Kapaciteti për të folur zhvillohet në mënyrë të natyrshme me rritjen fizike të fëmijës. Të gjithë fëmijët, veçanërisht nga mosha dy deri në gjashtë vjeç, japin shenja që mund të duken alarmante. Përsërisin tinguj, rrokje e fjalë. Ka plot hezitime dhe heshtje, por të gjitha këto, në shumicën dërmuese të fëmijëve, janë thjesht parrjedhshmëri normale.

Në listën e mëposhtme përshkruhen shenjat paralajmëruese të një çrregullimi në komunikim, në zhvillim e sipër:

1.   Përsëritja e një fjale apo disa fjalëve: "Kukulla, kukulla u lag". "Nuk kisha, nuk kisha frikë.".

2.   Korrigjim i menjëhershëm i shprehjeve: "Unë hodha, babi hodhi mua fiuuu.".

3.   Përsëritje të rralla dhe pa sforcim të tingujve, si pjesë të një fjale: "A-ariu bën uuuuuu.".

4.   Heshtje në mes të fjalisë, që dallohen qartë se janë thjesht hezitime: "Mami hajde ikim te... ...plazhi."

5.   Pushime në mes të fjalive, të mbushura me "ë", "ëm", etj, të ngjashme: "Do vij edhe unë te, ëëëë, dyqani.".

Parrjedhshmëria dhe elementët e saj ndryshojnë dukshëm nga një fëmijë tek tjetri. Një pjesë e fëmijëve, që zakonisht janë tepër të rrjedhshëm në të folur, në disa momente, shfaqin hezitime apo heshtje në mes të fjalisë. Por

9

ka dhe të tjerë, tek të cilët vihen re të gjitha çrregullimet e mësipërme.

Parrjedhshmëria më e shpeshtë është përsëritja e një fjale të vetme dhe kjo ndodh zakonisht në fillim të fjalive. Djemtë kanë më shumë përsëritje sesa vajzat, megjithatë, me kalimin e kohës, ata arrijnë të zhvillojnë rrjedhshmërinë njësoj me shoqet.

Mund të vihet re lehtë se elementët e parrjedhshmërisë shfaqen më shumë në kushte dhe kohë të caktuara. Parrjedhshmëria rëndohet në mënyrë të veçantë, kur fëmija është më i lodhur se zakonisht, i emocionuar ose i entuziazmuar dhe kur flet me persona të rritur. Të tjerë faktorë, që shtojnë parrjedhshmërinë, janë e folura e shpejtë nga bashkëfolësi i rritur apo dhe moshatar me fëmijën, si dhe ndërprerjet që fëmija kërkon t'i bëjë bisedës së të tjerëve, ku dhe përpiqet të përdorë fjalë të vështira për moshën.

Shenjat e rrezikut

Në të folurën e vogëlushit ka plot hapësira ku mund të shkaktohen probleme, por tri janë ato që paraqesin një rrezik të veçantë e të sigurt:

1. Sasia e përsëritjeve të tingujve, rrokjeve, fjalëve dhe fjalive të tëra.
2. Përshkallëzimi i sforcimit fizik në të folur.
3. Reagimi i prindërve ndaj sjelljeve të mësipërme.

Sa më shumë përsëritje dhe hezitime ka në të folurën e një fëmije, aq më i rrezikuar është. Me shtimin e hezitimeve dhe përsëritjeve fillon të shtohet dhe nervozizmi ndaj mënyrës se si flet fëmija dhe ndaj pengesës që i del në komunikim. Në këtë pikë ka shumë mundësi që fëmija të fillojë të shfaqë dukshëm shenja të tensionit psikologjik e fizik dhe përpjekje për të nxjerrë fjalët me zor.

Për këtë arsye, sa më shumë sforcim fizik vihet re kur flet, aq më i lartë është rreziku i zhvillimit të belbëzimit.

Megjithatë, nuk duhet vënë alarmi, sepse, përveç pak përjashtimeve, zhvillimi i sforcimit në të folur është i ngadalshëm dhe mund të korrigjohet me ndërhyrjen e duhur.

Shenjat

Ngritja e zërit dhe hollimi i tij mbi normalen gjatë përsëritjes së rrokjeve apo fjalëve. Shtimi i numrit të përsëritjeve shoqërohet me ngritjen progresive të forcës dhe notës së zërit, që në disa raste arrin deri në tingullin e një sirene. Kjo tregon se kordat e zërit në fytin e fëmijës kanë nisur të tensionohen, në të njëjtën formë sikur të shtrëngosh një tel violine në momentin që harku luan mbi të: tingulli do vazhdojë të ngrihet deri sa të vazhdojë shtrëngimi.

Shkurtimi i elementëve të përsëritur. Nëse përsëritja nga "babi, babi, babi, babi" në fillim të fjalive, fillon bëhet "ba-ba-ba-ba", duke prerë fjalën në mes pa arritur ta përfundojë ose përsëritet vetëm tingulli i parë "b-b-b-b", me një përpjekje të dukshme për ta nxjerrë nga goja, si për ta hequr qafe e për të vazhduar, i lehtësuar më pas, pjesën tjetër të fjalisë.

Shpejtimi i ritmit të përsëritjeve. Të gjithë fëmijët përsërisin fjalët në mënyrë natyrale, por, kur ritmi i tyre fillon të nxitohet, atëherë është koha për t'u shqetësuar. Shpejtimi i përsëritjeve ndodh në këtë formë:

"Unë, unë, unë, unë, unë jam..."

Vazhdon me ndërprerje të fjalës dhe me nxitim të ritmit:

"Un-un-un-un-unë jam..."

Me kalimin e kohës është vetëm tingulli i parë që përsëritet:

"U-u-u-u-unë jam..."

Në fund fare shfaqet në formën:

"Uuuuuuunë jam..."

Ndryshimi i tingujve është një shenjë paralajmëruese e hershme dhe tepër e sigurt e rrezikut të zhvillimit të belbëzimit. Zakonisht shfaqet me ndryshimin e zanores së rrokjes së parë të fjalës. Nëse përsëritja në formën "bab-bab-bab-babi" mund të mos jetë një shenjë tipike se fëmija po zhvillon belbëzimin dhe lë vend për interpretim, zëvendësimi i zanores "bëb-bëb-bëb-babi" është një tregues shqetësues, që duhet marrë seriozisht.

Kur fëmija ka nisur të demonstrojë shenja të qarta, si:

» sforcimi fizik në të folur
» tension në muskujt e fytyrës
» lëvizje të pakontrolluara të trupit
» frymëmarrje të rëndë
» përpëlitje të syve
» ngritje të zërit mbi normalen

nuk është thjesht në rrezik, por ka filluar të belbëzojë dhe ndoshta në një formë të rëndë.

Në rrezik janë dhe ata fëmijë, të cilët demonstrojnë se në situata me aktivitet shoqëror apo verbal kanë turp të flasin ose që i fillojnë dhe i lënë fjalitë në mes.

Prindërit

Rrezik të vërtetë për zhvillimin e belbëzimit përbën dhe re-agimi i prindërve ndaj parrjedhshmërisë së fëmijës. Prindër të ndryshëm sillen në mënyra të ndryshme ndaj parrjedhshmërisë apo belbëzimit të fëmijës. Zakonisht, parrjedhshmëria e fëmijës e bën prindin të ndihet i mërzitur, nervoz dhe pa rrugëzgjidhje. Thuajse në të gjitha rastet, për prindërit është e dhimbshme tek shohin fëmijën e tyre kur sforcohet e mundohet të flasë. Mund të sjell për ilustrim rastin e një vogëlushi nga Durrësi, ku vetë nëna, duke shprehur me mimikën e saj dhimbjen që ndiente nga belbëzimi i fëmijës, e rëndonte dhe më shumë gjendjen. Megjithatë, ky reagim është normal dhe vjen thjesht nga dashuria dhe shqetësimi që prindi ndjen për fëmijën e vet.

Por, me gjithë qëllimin e mirë, prindërit, me reagimin e tyre të dukshëm, i transmetojnë fëmijës mesazhin se parr-jedhshmëria është diçka që duhet shmangur medoemos. Kësaj sjelljeje, fëmija i përgjigjet duke u përpjekur më shumë me fjalët e me më tepër sforcim, sjellje që e bën belbëzimin më të rëndë e më problematik. Për ta thënë me fjalë më të thjeshta, shqetësimi i dukshëm i prindit mund ta rëndojë ndjeshëm belbëzimin e fëmijës. Për këtë arsye, ky problem mund të konsiderohet si një ndër shkaqet e rëndimit të bel-bëzimit te fëmija. Megjithatë, për këtë do të flasim përsëri më poshtë.

Rrjedhshmëria dhe shtëpia

Megjithëse informacioni në këtë libër ka një karakter përgjithësues, kjo nuk do të thotë se gjithçka duhet bërë në formën apo mënyrën që unë po sugjeroj. Është mirë që prindi, para se të fillojë të vërë në praktikë teorinë që po lexon, duhet të bëjë një analizë të sjelljes së tij ndaj fëmijës, për të kuptuar ato që po bën mirë dhe keq. Nga eksperienca e drejtpërdrejtë me prindërit, mund të them se këta, zakonisht me intuitë bëjnë, siç duhet, shumë gjëra për zhvillimin e rrjedhshmërisë së fëmijës, por ama nuk duhet lënë pa u theksuar dhe mungesa totale e informimit mbi belbëzimin, që për fat të keq ndodh shumë shpesh, apo dhe informacioni i gabuar, që vjen si pasojë e mosnjohjes së problemit. Këtyre problemeve u shtohen dhe "këshillat e mira" nga persona që "i dinë të gjitha". Një rol shumë negativ luan dhe trajtimi i belbëzimit si një problem i ardhur nga një aktivitet shpirtëror ose fetar, nga një mallkim apo mëkat. Pra, para se prindërit të fillojnë të veprojnë në bazë të këshillave të këtij libri, e theksoj: është mirë të bëjnë një analizë të sjelljes së tyre ndaj fëmijës e më pas të gjykojnë se ç'duhet shtuar, pakësuar apo ndryshuar.

Një tjetër faktor i rëndësishëm është durimi. Nxitimi është "armiku" kryesor. Veprimet që ndihmojnë duhet të jenë të ngadalëta dhe të qëndrueshme. Faktori kohor nuk duhet të nxitohet për më tepër se një ndryshim në javë, në mënyrë që fëmija të mos vërejë një tjetërsim artificial të sjelljes së prindërve.

Mësoni ta dëgjoni vogëlushin!

Kur fëmija arrin në një pikë të zhvillimit, ku komunikimi verbal i duket si aktiviteti më i bukur në botë, ka mundësi të gjendeni para një vogëlushi, që nuk e mbyll kurrë gojën dhe që është thuajse e pamundur ta bëni të heshtë.

Kjo sjellje e fëmijës i nervozon shpesh prindërit dhe nga padurimi nuk dëgjojnë më asgjë nga ato që thotë vogëlushi. Për më tepër, mungesa e dëgjimit në shoqërinë e sotme shqiptare, duket se është një ndër të metat kryesore.

Mundësitë e pakta të punësimit, frika e humbjes së mbështetjes financiare dhe stresi psikologjik, që në përgjithësi vihet re në shumicën e familjeve shqiptare, bëjnë që fjalët e fëmijës, në shumicën e rasteve, të mos dëgjohen e të konsiderohen si të parëndësishme.

Në rastin më të mirë, prindi bën sikur dëgjon ato që thotë fëmija, por, në fakt, nuk e ka fare mendjen aty. Faktorëve të mësipërm i shtohet edhe kufizimi verbal që ka vetë fëmija, për shkak të fjalorit të kufizuar dhe mungesës së natyrshme të mjeshtërisë së të folurit.

Për të shmangur mungesën e dëgjimit të asaj që fëmija thotë dhe që në fund mund të kthehet në bllokim të komunikimit të ndërsjellët prind-fëmijë, është e nevojshme të mjeshtërohet dhe përdoret dëgjimi selektiv.

Me fjalë më të thjeshta, dëgjimi selektiv është: të dëgjoni mirë gjërat e rëndësishme, duke mos i dhënë shumë vëmendje të folurës anësore (të parëndësishme).

E di që kjo është më e thjeshtë të thuhet se të bëhet, por, me pak durim dhe me këshillat e mëposhtme, do të vini re se gjithçka mund të arrihet shpejt e me rezultate të kënaqshme.

Seleksionimi

Duke konsideruar të logjikshëm faktin që asnjë prind nuk është në gjendje të dëgjojë me vëmendje gjithçka që thotë fëmija, është mirë që, për disa ditë rresht, të përpiqeni t'i jepni vogëlushit gjithë vëmendjen tuaj. Përpiquni të dëgjoni me kujdes gjithçka që thotë; qoftë dhe gjëra të parëndësishme, si e folura me vete apo me një mik imagjinar, me kukullën, televizorin apo edhe me librat.

Por, tejet e rëndësishme është të dëgjoni me vëmendje kur fëmija ju drejtohet të tregojë diçka apo thjesht kur ju flet sepse ndien nevojën e komunikimit, apo dëshiron të informohet rreth botës që e rrethon (pyetjet e famshme, pambarim).

Gjatë këtyre bisedave, përpiquni të vini re se ku jeni. Ku jeni ulur? Shtëpia ka plot punë dhe nuk mund të lihen pa bërë, por përpiquni të shikoni se ku jeni dhe me se po merreni, kur vogëlushi ju flet. Krijoni një ide të qartë të interaktivitetit me fëmijën. Përpiquni të kuptoni se kush janë argumentet, për të cilat jeni më të vëmendshëm. Prindërit do të hidheshin përpjetë nëse fëmija fillon të flasë për thika e armë, por ama, normalisht, nuk do t'ia varnin shumë nëse tema e bisedës është një film vizatimor.

Me kalimin e ditëve do të identifikoni të gjitha situatat e papërshtatshme në komunikimin me fëmijën: do vini re se, pas një dite të lodhshme pune, veshët do t'ju oshtijnë e nuk do t'ia keni ngenë "muhabetit" të vogëlushit; mund dhe t'i thoni t'ju lërë rehat! Kur shihni një spektakël apo film dhe fëmija përpiqet t'ju komunikojë diçka do mjaftoheni me fjalët: "Mirë të keqen mami, po më lër tani se po shikoj tele-novelën. Ë zemër!?"

Nëse vini re gjithë këto sa thamë apo dhe situata të tjera të ngjashme, ka ardhur koha të bëni ca ndryshime të mëdha.

Mund të jeni vërtet të lodhur, por, mungesën e vëmendjes, fëmija do ta interpretojë ndryshe. Do i duket sikur ato që ju thotë nuk janë të rëndësishme, ose që nuk keni interes ta dëgjoni, apo, në rastin më të keq, nuk keni interes për vetë fëmijën.

Kjo është më e keqja që mund të ndodhë dhe, nëse përsëritet, do të krijojë një hendek të thellë mes jush dhe vogëlushit; ndarje që mbart me vete pasoja të rënda.

Për të shmangur këto situata është mirë të krijohen kushte për pak qetësi, nga e cila të dyja palët mund të përfitojnë. Si mund të arrihet? Thjesht! Jepini fëmijës të bëjë diçka in-teresante, për të cilën nuk ka nevojë të flasë ose që mund ta bëni bashkë pa folur; një libër me figura, një lojë krijuese ose, pse jo, një film që fëmijës i pëlqen. Në këtë mënyrë do të shmangni kërkesën për vëmendje.

Gjatë kësaj kohe është mirë të vendoset si rregull mung-esa e të folurit. Heshtja gjithashtu bën pjesë në edukimin e vëmendjes së fëmijës. Jepini të bëjë atë që vërtet i pëlqen, jo atë që mendoni se i pëlqen. Në këtë rast nuk është e nev-ojshme që kjo kohë të shërbejë edhe si interval edukimi; mjafton të edukojë heshtjen te vogëlushi.

Kjo kohë paqeje dhe qetësie, pasi është gjetur, duhet të bëhet pjesë e aktivitetit të përditshëm në familje. Në këtë mënyrë, vogëlushi do ta pranojë si diçka që ndodh zakon-isht, çdo ditë e, për pasojë, si aktivitet normal i jetës famil-jare.

Nga ana tjetër, prindi duhet të përpiqet të rregullojë sa mundet oraret e ditës së tij, në mënyrë që t'i kushtojë vogëlushit një farë kohe me dëgjim intensiv, ku të mos i shpëtojë asgjë nga ato që fëmija thotë, ku dhe bashkëbisedimi të jetë i plotë.

Çdo familje e çdo prind ka shqetësimet e veta për jetën, por koha për të dëgjuar fëmijën mund të gjendet fare lehtë. Megjithatë, nëse ju duket disi e vështirë, ja disa ide të thjeshta:

» Ngrihuni pak më herët në mëngjes. Gjysmë ore më shpejt nuk është ndonjë sakrificë e madhe. Mësojini dhe fëmijët të ngrihen me ju. Do vini re se kjo është një kohë ideale për bisedë. Vogëlushi do përpiqet t'ju tregojë ëndrrat, do e ketë marrë malli nga nata që ka kaluar vetëm në shtrat e do dojë t'ju thotë sa të mundet, sepse e di që ju do largoheni për në punë ose do nisni të bëni diçka, ku ai nuk mund të marrë pjesë.

» Para se të uleni për drekë ose darkë, lani duart bashkërisht; në formën e një leksioni higjiene dhe do të shihni që vogëlushi do ketë plot gjëra për të thënë. Dëgjojeni me vëmendje dhe përgjigjuni me seriozitet.

» Para gjumit. Të gjithë e dimë se sa e vështirë është t'i bindësh bijtë tanë të shkojnë të flenë, megjithatë, me pak durim dhe kohë, gjithçka mund të shkojë vaj. Mos i kërkoni vogëlushit të flejë me urdhër. Merreni më mirë në prehër dhe përpiquni të flisni pak. Mos bëni pyetje të kota, për të mbushur bisedën, por interesohuni për gjëra që fëmija mund të përgjigjet apo diçka që ai mund ta vërë re lehtësisht. P.sh:

"Oh, sa të lodhur jemi! U lodhe sot zemër?" ose "Ua, shiko, aty jashtë është bërë natë tani! Çfarë bëjmë kur bëhet natë? Shkojmë... të flemë!"

Më pas, lëreni vogëlushin të thotë atë që mendon, me ngadalë, duke i lënë të kuptojë se ishte ideja e tij për të shkuar në shtrat. Vazhdoni bisedën deri sa ta keni rregulluar mirë. Do ta shihni se as do t'ju kërkojë më t'i rrini afër. Fëmijës i mjafton të ndiejë që ju ka pranë dhe prania verbale e mbush plotësisht këtë nevojë.

Nuk është e nevojshme që koha e sugjeruar të zgjatet shumë. Dhe gjysmë ore apo një orë, më e shumta, po t'ia shtoni kohës së dëgjimit intensiv, çdo ditë, do vini re një ndryshim të dukshëm. Pak minuta këtu e aty, do i tregojnë fëmijës që interesi juaj ndaj tij është gjithnjë i njëjtë e do ta bëjë të ndihet më i sigurt në vetvete. Do i tregojë se ka dikë, tek i cili mund të rrëfehet; duke formuar në të njëjtën kohë një lidhje të fortë emocionale dhe intelektuale mes prindit dhe vetes.

Mënyra se si sillesh gjatë kohës së dëgjimit intensiv është gjithashtu shumë e rëndësishme.

» Në vend që të hapësh biseda, që ty të duken interesante, përpiqu më mirë të ndjekësh fillin e logjikës së fëmijës. Do ta shohësh që do të të pëlqejë e do kënaqesh. Fantazia e një fëmije nuk ka nevojë për ndihmë. Është aq e mahnitshme sa edhe një roman fantastik.

» Kur jeni përballë, shikojeni vogëlushin në sy me një shprehje të kënaqur e të lumtur, duke ndjekur me mimikë atë që thotë. Kjo do i tregojë se po i dedikoni plotësisht vëmendjen, atij dhe asaj "gjësë së madhe" që po thotë.

» Mos kryqëzoni krahët mbi gjoks, duart në xhepa apo lidhur prapa shpine. Fëmija do e interpretojë këtë si një ndarje fizike mes jush; si mungesë të dëshirës për të marrë pjesë në lojën e tij apo edhe për ta përkëdhelur.

» Mos shikoni se si po i thotë fjalët, por dëgjoni atë që thotë. Mundohuni të harroni gjatë kësaj kohe mangësitë që vogëlushi ka në të folurën e tij, e rëndësishme është të kuptoni mendimet dhe ndjenjat që po shpreh.

» Mos e ndërprisni kurrë, edhe nëse e folura e tij është e ngadalshme, e parregullt dhe me përsëritje. Ndërprerjet do ta përkeqësojnë më tepër gjendjen. Të gjitha këto duan durim, durim dhe vetëm durim. Nuk ka asgjë të lehtë në zhvillimin e fëmijëve. Kam hasur shpesh prindër që kërkojnë rregullim të shpejtë të problemit me vogëlushët apo që mendojnë se nuk është i nevojshëm interaktiviteti me ta. Nuk mund të ketë ide më të gabuar se kjo.

Në kohën që jetojmë, kur fëmija nuk del më as të luajë jashtë me shokët, ashtu siç dilnim ne dikur, shokët e ngushtë janë nëna dhe babai. Nëse mendoni se jeni tepër të plakur për t'u marrë me vogëlushin, atëherë problemi qëndron te ju.

Mos lini pa përgjigje asnjë pyetje të vogëlushit. Përgjigja juaj nuk do i japë vetëm informacionin që kërkon, por, për më tepër, do i tregojë se ato që i interesojnë atij, ju interesojnë gjithashtu edhe juve. Kjo do t'ju bëjë miq dhe fjala juaj do të zërë vend më shumë.

Në fillim, mësoni si të flisni vetë!

Nëse një i rritur do kish mundësinë t'i thoshte të gjitha fjalët njëherësh, nuk do hezitonte ta bënte. Kjo, jo se nxitojmë, por për faktin se sa më shumë të komunikosh e me një shpejtësi sa më të madhe, aq më i suksesshëm do të jetë komunikimi i ideve. Ky fakt mishërohet te interneti. Gjithë informaticienët, që sot merren me të, kanë vetëm një qëllim kryesor: rritjen e shpejtësisë së transmetimit. Shpejtësia nuk është luks, është domosdoshmëri në botën e sotme.

Me gjithë të mirat e padiskutueshme të shpejtësisë në komunikim, nga ana tjetër, efektet e pakëndshme anësore të saj janë tepër të dukshme, sidomos kur ne, prindërit, komunikojmë me fëmijët.

Pranohet shkencërisht se njeriu kërkon të flasë aq shpejt sa e lejon aparati i tij i të folurit dhe mjeshtërimi i artikulimit. Me të njëjtën logjikë dalim në konkluzionin se një fëmijë flet ngadalë, sepse akoma nuk ka arritur të zotërojë plotësisht aparatin e të folurit dhe se, ende, bagazhi i tij gjuhësor është i cunguar, i pakët.

Duke qenë se fëmija e mëson të folurit në radhë të parë nga prindi, është e lehtë të vihet re se ai do fillojë të përpiqet të flasë me të njëjtën shpejtësi si babai dhe nëna. Imitimi është pjesa më kryesore e të mësuarit në këtë moshë.

Një situatë jonormale do i kërkojë fëmijës një impenjim

më të madh në të folur dhe zakonisht të paarritshëm për të. Këtu fillojnë dhe lindin problemet, që, nëse lihen pas dore, do të zhvillohen shpejt në shqetësime të rënda në të folurën e fëmijës. Edhe te një fëmijë me të folur normale, rrjedhshmëria do të cenohet nëse i kërkohet të flasë më shpejt, më me nxitim ose nëse shembulli që ka para (ju), flet sikur "po e ndjek turku nga pas".

E vetmja zgjidhje për këtë skenar është ngadalësimi i të folurës suaj, të paktën kur flisni me fëmijën. Shpejtësia juaj duhet të jetë sa më afër asaj të vogëlushit. Për këtë, mund të përpiqeni vetë ta kuptoni se sa duhet ngadalësuar ose mund t'ia kërkoni një pjesëtari tjetër të familjes, i cili, nga jashtë bisedës, mund t'ju drejtojë pa i rënë në sy fëmijës, se sa duhet të ngadalësoni. Nëse jeni vetëm dhe doni të arrini të ngadalësoni pa një "gjyqtar" anësor, skenari i mëposhtëm mund t'ju ndihmojë mjaft.

Nëse fëmija mëson të flasë nga i rrituri, duke e imituar, pse të mos mësojë të ngadalësojë të folurën i rrituri, duke imituar fëmijën? Në të gjitha rastet e përdorura, kjo metodë jep rezultate tepër të mira në ngadalësimin e të folurës së prindit dhe për pasojë në ngadalësimin e të folurës së fëmijës.

Imitimi i pjesshëm

Të gjithë kemi qejf të imitojmë të folurën e lezetshme të vogëlushëve tanë. Sa herë kemi parë burra, madje goxha burra, të bëjnë "gu-gu" e "maa-maa". E kujt nuk i kujtohet e folura e paformuar dhe aq e këndshme e fëmijëve?!

Tani, nëse imitimi për të rriturin është një aktivitet disi fyes e tallës, për fëmijën nuk është tamam kështu. Nëse fëmija ndjen se imitimi është keqdashës, do e braktisë bisedën dhe do të largohet, por nëse në tonin e zërit ndihet ëmbëlsia e nënës apo babait, gjithçka do të shkojë mirë.

Pra, mos kini frikë të imitoni! Jam i sigurt që imitimin do ta kapni shpejt dhe në të njëjtën kohë do të vini re se e folura juaj nuk është aq e sforcuar sa mendonit se do t'ju dukej. Kjo, sepse mënyra se si fëmija flet është shumë më e natyrshme se e folura juaj, e skalitur nga shoqëria, shkolla dhe komunikimi me botën.

Pasi të keni gjetur dhe barazuar edhe lartësinë e zërit tuaj me atë të fëmijës, zëvendësoni fjalët e cunguara të vogëlushit, me fjalët e plota e të rregullta. Si rezultat do të vini re se e folura juaj ka ngadalësinë e të folurës së vogëlushit, një ëmbëlsi që gjithkujt do i pëlqente, por dhe plotësinë e një të folure të rregullt, nga e cila fëmija mund të mësojë.

Mund t'ju duket disi qesharake, por, po ta marrësh hollë-hollë, një vogëlush që ju ka hipur mbi kurriz e po ju thotë "ec kali", ju bën të ndiheni qesharakë, por, ama, nuk ju ngel hatri.

Pra, ngadalësoni ju që të ngadalësojë dhe vogëlushi juaj e në fund të shmangen të gjitha problemet e mundshme.

Respektoni me përpikëri sintaksën në të folur. Kur flisni me fëmijën, përpiquni t'i ndërtoni fjalitë sikur do t'i shkruanit në një letër.

Respektoni ndalesat te presjet dhe pikat. Merrni frymë bollshëm në çdo pikë apo presje. Mundohuni t'i tregoni me shembull vogëlushit se si duhet të flasë e ku duhet të marrë frymë.

Kjo mënyrë e të folurit nuk ndihmon vetëm në mjeshtërinë e artikulimit, por është dhe një edukim i mirëfilltë në komunikim, gjuhë e mirësjellje.

Heshtja është flori! Mundohuni që heshtjen ta bëni pjesë të aktivitetit tuaj me fëmijën, duke i lënë të kuptojë se nuk është e nevojshme që ai apo edhe ju të flisni gjatë gjithë kohës.

Megjithëse do të vini re që në fillim fëmija nuk do jetë dakord me këtë sjellje, pa e fyer e pa urdhra të prerë, mundohuni pak nga pak ta mësoni me heshtje herë pas here. Kjo do e ndihmojë vogëlushin, duke e lehtësuar nga barra që ai vetë i ka vënë vetes për të mbajtur gjallë medoemos bisedën. Heshtja duhet të jetë e barabartë; të dy palët duhet ta respektojnë. Nëse nuk ka diçka për të thënë mos thoni asgjë. Mos bisedoni me fëmijët apo në sy të tyre për tema jashtë interesit dhe moshës së tyre. Shpesh fëmijët mësojnë shumë nga ana gjuhësore, duke dëgjuar bisedat e të rriturve, por kur vjen puna për të riprodhuar atë që kanë mësuar, motori i tyre i të folurit nuk arrin ta përballojë. Në këtë rast, rreziku i zhvillimit të belbëzimit është tepër i afërt, për arsye të mospërputhjes së aftësive mendore me ato fizike e gjuhësore.

Shmangni ndërprerjet! Sipas eksperiencës sime, me keqardhje e them, kjo është gjëja më e vështirë për shumicën e familjeve shqiptare. Shembulli më tipik është Kuvendi i Shqipërisë, ku ndërprerjet e folësit janë gjëja më e zakonshme. Edukata në komunikim, në radhë të parë, është vullneti për të dëgjuar atë që ka për të thënë tjetri, të pëlqen apo jo se çfarë. Nga ky rregull nuk bën përjashtim askush e aq më pak një fëmijë, që sapo ka nisur të mësojë se si të komunikojë me botën.

Për të edukuar fëmijën me tolerancën dhe radhën në të folur, leksioni fillon nga më të mëdhenjtë e familjes: nëna dhe babai. Rregullat bazë janë të thjeshta:

» Jepini njëri-tjetrit kohën e duhur për të mbaruar së shprehuri atë që ka për të thënë, duke i lënë të kuptojë fëmijës se edhe në të folur ka radhë.

» Mos lejoni që fëmija të ndërpresë të tjerët kur flasin. Nëse vogëlushi e ka zakon të flasë menjëherë, me padurim dhe pa radhë, ka shumë mundësi të ngatërrohet në shqiptim.

» Mos e ndërprisni kurrë fëmijën. Edhe një fëmijë i rrjedhshëm në të folur ka shumë mundësi të humbasë rrjedhshmërinë nga hutimi pas ndërprerjes që i është bërë.

Si përfundim, përderisa ndërprerjet janë të rrezikshme dhe për një fëmijë me të folur normale, në rastin e një vogëlushi që ka shfaqur shenjat e para të belbëzimit, kjo mund të jetë një ndër faktorët më negativë në zhvillimin e belbëzimit.

Thjeshtimi i komunikimit

Një ndër gabimet më të shpeshta që bëjnë të rriturit ndaj fëmijëve, është pritja e një përgjigjeje po aq të komplikuar sa dhe vetë pyetja që ata bëjnë. Kam parë plot raste kur prindërit, për të më treguar se sa i shkathët apo i zgjuar ishte fëmija i tyre, kanë kërkuar prej tij përgjigje për të cilat dhe ata vetë do kishin pak vështirësi për t'i ndërtuar. Për fat të keq, ne të rriturit harrojmë diferencën mes nesh dhe fëmijëve tanë. Ky ndryshim nuk ka të bëjë vetëm me lartësinë trupore, peshën dhe ngjyrën e syve, por më tepër me ndryshimet thelbësore të aftësive për të komunikuar idetë.

Në fillim le të shohim se ç'duhet të bëjë një fëmijë për të shprehur diçka:

1 - Perceptimi. Në fillim fëmija duhet të kuptojë situatën apo pyetjen që po i bëhet.

2 - Analiza. Më pas vogëlushit i duhet të kërkojë në mendimet e tij mënyrën më të mirë për t'iu përgjigjur situatës apo pyetjes.

3 - Konkluzioni. Pasi ka gjetur përgjigjen në mënyrë abstrakte, i duhet të gjejë fjalët e duhura për t'u shprehur.

4 - Artikulimi. Më në fund duhet të thotë atë që ka në mendje, me ato aftësi që i lejon mosha.

Nëse do i marrim në analizë këto etapa të komunikimit,

27

vihet re lehtësisht se ka vend të bollshëm për gabime e hezitime, sepse të katra pikat e mësipërme ndodhin thuajse në mënyrë të menjëhershme dhe instiktive, pasi kjo ndodh zakonisht në komunikimin me situata të ndryshueshme apo pyetje.

Për t'i lehtësuar jetën vogëlushit mundohuni të mos harroni sa thamë më lart, duke ndërtuar dhe bashkëbisedimin prind-fëmijë, në mënyrë sa më të thjeshtë e të kuptueshme.

E theksoj, nuk jeni ju që keni nevojën më të madhe për të kuptuar, është fëmija, ndaj edhe nëse vini re se nuk keni kuptuar diçka nga ato që thotë, mos insistoni për një përgjigje sqaruese. Për vogëlushin do të ishte dy herë më e vështirë sesa përgjigja e parë.

Ndërtimi i pyetjeve
dhe piketat e komunikimit

Pyetjet e gjata e me një gramatikë të ngatërruar shpesh kërkojnë një përgjigje po aq të gjatë e ndoshta edhe më të ngatërruar gramatikisht. Për këtë arsye është mirë që komunikimi me vogëlushin të mbahet mbi principe të thjeshta e lehtësisht të kuptueshme.

Nga ana tjetër dhe ndërtimi i pyetjeve ka një rëndësi të madhe, përveç rasteve kur fëmijës i kërkohet një informacion i saktë si "ku është mami?" apo "të ka marrë uria shpirt?" Në bashkëbisedimet e lira është mirë që vogëlushit t'i jepet hapësira e duhur për t'u përgjigjur ashtu si e sheh të arsyeshme.

Nëse fëmija ka qenë në këndin e lodrave dhe ju kërkoni të dini diçka për eksperiencat e tij, pyetja më e gabuar do të ishte:

"Cila lodër të pëlqeu më shumë, zemër?"

Kjo pyetje e ngushton aq shumë hapësirën e përgjigjeve të mundshme sa që vogëlushi seriozisht do të vihet në siklet e do të hezitojë. Do i duhet të kujtojë gjithçka në mënyrë kronologjike, të seleksionojë lodrat që i kanë pëlqyer e ato që nuk e kanë kënaqur; në fund të kësaj i duhet të zgjedhë se kush i ka pëlqyer më shumë.

Deri këtu jemi vetëm në fillimin e asaj që vogëlushi duhet

të bëjë. Tani e ka radhën formulimi abstrakt i mendimit, për të cilin folëm më lart, e më pas zgjedhja e fjalëve, artikulimi e kështu me radhë.

Dhe një të rrituri po t'i bësh pyetjen, se ç'i pëlqeu më shumë kur ishte diku, do e kishte të vështirë të të përgjigjej.

Për këto arsye është mirë që pyetjet të bëhen në një mënyrë ku iniciativa e dhënies së informacionit t'i lihet të voglit. P.sh:

"U kënaqe shumë në këndin e lodrave, zemër?".

Apo në mënyrë sugjeruese:

"U sa shumë lodra ka ai këndi! E di që kam qenë edhe unë atje?"

Të formuluara në këtë formë, pyetjet apo sugjerimet verbale nxisin imagjinatën e vogëlushit dhe bëjnë që kujtimet, nga eksperienca që ka pasur, t'i vijnë ndër mend në mënyrë të natyrshme. Vogëlushi do nisë t'ju tregojë me qejf ato që ka parë e bërë, sepse, në këtë rast, do jetë ai që dëshiron të ndajë me ty eksperiencën e tij. Mos harroni, ju jeni njerëzit më të rëndësishëm për fëmijën dhe ai ka dëshirë gjithnjë të rrëfehet te ju.

Pasi biseda ka nisur, uluni në një vend të rehatshëm dhe dëgjoni "aventurat më të çuditshme të botës". Herë pas herë nxiteni të thotë diçka tjetër, duke shprehur thjesht interes tek ato që thotë. Mos e ndërprisni në mënyrë të vrazhdë edhe nëse mendoni se po thotë një "budallallëk" apo gënjeshtër.

Fëmijët, që nuk thonë më gjëra kot dhe gënjeshtra, ligji i quan të rritur.

Për një fëmijë, fantazia dhe realiteti janë thuajse e njëjta gjë. Ndaj, kur vogëlushi thotë se poshtë shtratit të tij ka një përbindësh, besojeni; jo se vërtet ka një përbindësh, por se vogëlushi vërtet mendon se ka një të tillë.

Me një fjalë, nxiteni të flasë në mënyrë vullnetare, të pasforcuar, në mënyrë të natyrshme e me liri të plotë.

Shembulli i gabuar i parrjedhshmërisë normale

Megjithëse nga shumë specialistë mendohet se prindi duhet të japë dhe një shembull se kush janë parrjedhshmëritë normale në të folur, mendoj se ky sugjerim është i tepërt. Askush nuk ka një rrjedhshmëri të përsosur dhe këtu hyjnë dhe prindërit.

Për këtë arsye është e tepërt t'i sugjerosh vogëlushit se si duhet të mendohet, të hezitojë apo të përdorë, "ëëëë", "hëmm", etj. Duke qenë se vetë ne, të rriturit, i kemi këto elemente, fëmija do i kopjojë në mënyrë të natyrshme. Rindërtimi i hezitimeve nga ana e prindërve do të dukej artificiale dhe nuk do arrinte asgjë më shumë sesa imitimi normal që fëmija i bën prindit.

Mos fol, por bisedo!

Një pjesë e mirë e kohës, që prindi kalon duke folur me fëmijën, i dedikohet edukimit. Me edukim nuk kuptohet vetëm shkolla, numrat e germat. Edukimi i fëmijës fillon që kur i themi:

"Xix! Mos e prek atë shpirt se të djeg, të bën xix."

Për shkak të preokupimit të vazhdueshëm që prindi ka për edukimin e fëmijës së tij, në shumicën e kohës sillet si një kujdestar i rreptë, që vazhdimisht jep urdhra dhe drejtime, mbi të cilat fëmija duhet të ngrejë sjelljen e tij. Duke pasur në mendje këtë, është mirë që prindi të reflektojë disi, duke studiuar mënyrën se si flet me fëmijën. Mundohuni "të flisni" me vogëlushin, jo "t'i flisni" vogëlushit. TË FLASËSH dhe T'I FLASËSH i ndryshon vetëm një germë, por në realitet ndryshon gjithçka.

Nëse fëmija e ndjen veten si një bashkëbisedues, do të ketë më shumë dëshirë për të folur me ju dhe ideja e bisedës do të bëhet një kënaqësi që ai mezi e pret.

Për ta bërë të ndihet mirë, vogëlushit i duhet lënë iniciativa e hapjes së bisedës. Prindi duhet thjesht ta ndjekë, duke pohuar ose mohuar në mënyrë tepër të ngrohtë.

Në dukje, gjithkush mund të thotë se një strategji e tillë e nxitjes së bisedës është e thjeshtë, por në realitet ndodh plotësisht e kundërta.

Një ndër tiparet bazë të karakterit shqiptar të bisedës është paragjykimi. Kësaj nuk i shpëtojnë as fëmijët. Nëse do ta shohim fenomenin me vëmendje, do të vëmë re se paragjykimet janë në bazë të thuajse çdo bisede të lirë. Paragjykimi se tjetri nuk e ka idenë për atë që ti po flet apo se bashkëfolësi ka një konflikt interesi në bisedë, janë më të shpeshtët.

Për dy arsyet e mësipërme, në shumicën e rasteve, prindi supozon se ajo që po thotë fëmija është e gabuar, për faktin se ai nuk ka si ta dijë, ose se fëmija po gënjen nga dëshira për të përfituar diçka.

Mundohuni të kuptoni që, edhe nëse është kështu, fëmija ka të drejtën e tij të shprehet, qoftë dhe në mënyrë të gabuar. Nga ana tjetër, prindi është i detyruar ta dëgjojë edhe pse se ajo çka po thuhet nuk i pëlqen.

Kritika është vrasësi i çdo bisede. Zakonisht, ai që vazhdimisht kritikon e bën bisedën më pak interesante e të mërzitshme. Kur bëhet fjalë për gjëra të parëndësishme e të padëmshme, kritika duhet lënë mënjanë. Edhe një të rrituri po t'i vihesh prapa me kritika të vazhdueshme, do të mërzitet dhe në fund nuk do ketë më dëshirë të bisedojë.

Problemi nuk është kaq i thjeshtë për fëmijët, që kanë shfaqur shenjat e para të belbëzimit. Frika se mos thotë diçka që nuk duhet thënë e që do të tërheqë kritikat e prindit, mund të bëhet shkas për një belbëzim më të rëndë.

Fëmija, që e di përpara se të flasë që do të kritikohet, mbart në bisedë frikën dhe ndrojtjen. Fëmijët bëjnë gabime sa të duash, sepse gabimi është pjesa më e rëndësishme e zhvillimit, ndaj mos i kërkoni të kërkojë falje apo të shpjegojë se pse e bëri këtë apo atë gabim; nëse vogëlushi do ta dinte që ishte një gabim, ju siguroj që nuk do e kish bërë.

Në rastet e fëmijës që belbëzon, problemi që sapo thamë merr një rëndësi të veçantë, sepse mund të formojë me kalimin e kohës idenë se, ashtu si e folura, gjithçka që ai bën

33

është e gabuar dhe jo e mirë.

Për gjithë sa thamë më lart, uluni pranë vogëlushit dhe bashkëbisedoni me të për muhabetin që ka bërë me kukullat, fluturimin që ka bërë mbi kopsht kur askush nuk po e shihte apo për një sekret që një shok i padukshëm i ka thënë.

Largoni paragjykimet dhe kthehuni për një moment në atë kohë kur edhe ju keni bërë po të njëjtat biseda. Uluni dhe shijoni një bisedë me vogëlushin tuaj; pa ëndrrat e tij, bota sot nuk do të kishte as Piter Pan dhe as Harri Poter.

E folura me urdhër

Për fëmijët me një zhvillim normal të të folurit, kërkesa nga jashtë për të folur, mund të mos shkaktojë asgjë, por në rastet kur vogëlushi ka shfaqur shenjat e para të belbëzimit, është mirë të shmanget çdo kërkesë për të folur me urdhër. Pyetjet që kërkojnë një përgjigje precize mund të rëndojnë së tepërmi gjendjen e vogëlushit. Për këtë arsye është mirë të përdoret zakonisht një e folur e rastësishme, ku, siç e thamë dhe më lart, t'i lihen atij një sërë mundësish për të thënë diçka.

Por, le ta shohim pak më nga afër se çfarë është e folura me urdhër.

Prindërit shpesh i kërkojnë fëmijëve të recitojnë para të tjerëve vjersha e të thonë histori, për të ilustruar zhvillimin e tyre. Për një pjesë të mirë të fëmijëve, kjo nuk përbën një problem, por është vërtetuar që shpesh një kërkesë e tillë është bërë shkak për hezitime e në shumë raste edhe për belbëzim. Shpesh dhe kërkesa për të thënë thjesht një fjalë mirësjelljeje e bën fëmijën të ndjehet keq e të pafuqishëm për të arritur atë që kërkohet.

Për sa thamë më lart, është mirë që fëmija të mos kthehet në një tabelë nderi e prindërve, ku ata të shfaqin zotësinë e tyre. Sa më pak artificialitet në sjelljen e fëmijës, aq më pak mundësi për të zhvilluar belbëzimin.

Një rutinë e re

E folura, megjithëse është shpesh pjesë e rutinës së për-
ditshme, në vetvete nuk është gjithnjë rutinë. Në mënyrë
të veçantë, kjo vihet re tek fëmijët. Rutina është diçka
që e bëjmë me lehtësi, në mënyrë të vazhdueshme e të
përsëritshme.

Te fëmijët, këta elementë nuk janë plotësisht të formuar.
Në radhë të parë, fëmija vazhdon të mësojë çdo ditë fjalë
të reja e për këtë arsye edhe e folura e tij më e zakonshme
vazhdon të zhvillohet, duke mos i lënë kohë formimit të një
rutine.

Së dyti, në shumicën e familjeve, mungon rutina e bisedës
së përditshme me fëmijët. Nga verifikimet e bëra në këtë
aspekt, kam vënë re se prindërit nuk kanë një orar rutinë
për të folur me fëmijën e tyre.

Bisedat zakonisht zhvillohen jo sipas orareve të vogëlushit,
por sipas orareve dhe humorit të prindërve. Shpesh gabo-
het, duke menduar se rutina e tregimit të një përralle para
gjumit bën pjesë në bashkëbisedimin me fëmijën. Kjo nuk
është e saktë. Nga ana tjetër, edhe kjo rutinë e formuar në
shekuj, sot është zëvendësuar me të parit e një filmi vizati-
mor apo një emisioni për fëmijë.

Sipas eksperiencës së mbledhur në këto pesëdhjetë vjetët
e fundit, ka dalë se komunikimi i fëmijës zhvillohet më shpejt

e më mirë kur mbështetet në rutina të vazhdueshme bash-këbisedimi e shpesh me përsëritje, që për prindërit ndoshta bëhen të mërzitshme.

Nga ana tjetër, ndryshe nga si mendohet zakonisht, çrreg-ullimet në komunikim nuk formohen vetëm nën një atmos-ferë të trishtuar e të pakëndshme. Zakonisht, vijnë si pasojë e thyerjes së vazhdueshme të rutinës, që e vendos fëmijën në një pozicion ku kërkohet një e folur ndryshe nga normal-ja e një impenjim më i madh verbal e intelektual. Këtu hyjnë dhe festat e pushimet.

Për këto shkaqe, prindi duhet të ndërtojë një rutinë të re me fëmijën. Koha më e mirë është pasditja, kur të gjithë i kanë kaluar mendimet dhe impenjimet e ditës. Uluni çdo ditë rreth një ore të caktuar dhe ndërtoni një bisedë në for-mat e përshkruara më parë në këtë libër. Nuk ka rëndësi tema e bisedës, e rëndësishme është të flisni në mënyrë të vazhdueshme, të përsëritshme e të pasforcuar. Do të vini re që fëmija mezi do ta presë orën e bisedës.

Kjo rutinë nuk duhet të ngatërrohet me bisedat në familje, ku marrin pjesë të gjithë pjesëtarët. Edhe nëse në të marrin pjesë të gjithë, është fëmija ai që duhet të drejtojë bisedën. Për të mësuar vogëlushin dhe me rastet jashtë rutinës, si p.sh festat, krijoni një traditë që një ditë në javë (e diela është mirë), të keni në shtëpi një atmosferë festive, në të cilën vogëlushi mëson pak nga pak se si duhet të sillet në këto raste, jashtë rutinës së përditshme.

Si përfundim, krijoni kushtet për të mësuar, por mos u mundoni t'i mësoni fëmijës ato që mendoni se i bëjnë mirë. Lëreni të mësojë vetë dhe do ta shihni se do të mësojë shumë më shpejt.

Rregullat e komunikimit në familje

Një ndër gjërat që influencojnë në mënyrë të jashtëzakonshme në edukimin e fëmijës është modeli i komunikimit që ai gjen në familjen ku rritet. Ky model nuk influencon vetëm zhvillimin e një komunikimi normal të vogëlushit, por më gjerë, në respektin për të tjerët dhe ato që ata thonë.

Komunikimi dhe mirësjellja janë vëlla e motër. Njëri pa tjetrin nuk do të funksiononte siç duhet. Kemi dëgjuar shpesh konceptin se "përdorimi i dhunës është dobësi mendore". Në fakt nuk është kështu, përdorimi i dhunës historikisht ka qenë dobësi në komunikim. Luftërat kanë nisur për mungesë komunikimi. Familjet prishen për mungesë komunikimi. Pa një komunikim të zhdërvjellët nuk mund të jesh një person i suksesshëm, etj, etj.

Komunikimi, pra, është ai element që na bën qenie inteligjente dhe, për pasojë, një çrregullim i tij do të pengonte seriozisht zhvillimin intelektual të një fëmije.

Duket disi paradoksale, por komunikimi, siç e theksuam dhe më parë, fillon me heshtjen. Aftësia për të heshtur është elementi kryesor i një komunikimi të suksesshëm. Ai që mëson se si dhe kur të heshtë, mëson se si të dëgjojë të tjerët; për pasojë arrin të zhvillohet më shpejt e më mirë.

Një shembull i mirë i komunikimit në familje është kura më e mirë për çrregullimet në komunikim të një fëmije. Rindërtimi i një sistemi të rregullt komunikues mund të bëhet me disa ndryshime të vogla, por thelbësore, në mënyrën se si pjesëtarët e familjes komunikojnë me njëri-tjetrin.

Tri janë rregullat bazë për një komunikim të edukuar dhe të mirë në familje.

1 - Kur dikush flet, të tjerët dëgjojnë.

2 - Gjithkush ka rast të flasë e të shprehë mendimin e tij.

3 - Askush nuk ka të drejtë të gjykojë kontributin në bisedë apo mendimin e tjetrit.

Këto rregulla, të zbatuara siç duhet, krijojnë një ambient ideal për edukimin e komunikimit të fëmijëve.

Për të monitoruar zbatimin e këtyre rregullave, mund ndërtoni një sistem vrojtimi dhe dënimi për fajtorët.

Caktoni për çdo pjesëtar të familjes një vazo/kavanoz të vogël bosh. Etiketojeni me emrin e secilit. Në secilën vazo fusni në fillim të javës 20 monedha 10-lekëshe. Sa herë dikush ndërpret fjalën e dikujt tjetër në bisedat familjare, hiqini një monedhë nga vazoja. Në fund të javës do të shihni se kush është më i "paedukuari". Ky sistem do t'ju japë mundësinë të kontrolloni dhe të bindni njëri-tjetrin për nevojën për ndryshim. Nuk do shërbejë si një mjet edukimi vetëm për fëmijën, por për gjithë familjen.

Belbëzimi

Ç'është belbëzimi?

E kam sqaruar këtë deri diku, në mënyrë të thjeshtë, edhe në librin "Belbëzimi, shkaqet, pasojat dhe mundësia e korrigjimit", por, në këtë libër, meqë po flasim posaçërisht për fëmijët, po përpiqem t'i përgjigjem më në detaj kësaj pyetjeje, që shqetëson mendjen e çdo prindi. Përgjigja e saktë është disi e komplikuar dhe kërkon një farë biografie të fenomenit dhe të mënyrës se si zhvillohet e folura te fëmijët.

Fjalët e para te fëmijët vijnë zakonisht rreth moshës 1 vjeç. Janë fjalë që fëmija i përdor për shumë qëllime. Rreth moshës dy vjeç, fillon të përdorë dy ose tri fjalë së bashku, duke krijuar fjali primitive, si, p.sh: "mami iku", "mami da da", etj.

Zakonisht, në këtë kohë, shqiptimi është i pasaktë, i ngadalshëm dhe çdo tingulli i jepet e njëjta forcë. Midis vitit të dytë dhe të tretë të jetës, fjalitë primitive fillojnë bëhen më të gjata e të komplikuara. Shqiptimi gjithashtu shpejtohet e përmirësohet, megjithëse përsëri hasen shqiptime të gabuara të tingujve të veçantë, si "dota" për "gota" dhe "losa" për "rosa".

Me gjithë shqiptimin e gabuar në këtë fazë, fëmija fillon të flasë me një ritëm të rregullt, deri diku, duke vënë theksin në rrokjen e parë. Në këtë fazë, pra, fëmija fillon të mësojë përdorimin e rrokjeve të patheksuara.

Ky zhvillim, që në shumicën e rasteve nuk vihet re nga prindërit, e ndihmon fëmijën të flasë më shpejt. Kjo është e rëndësishme, sepse në këtë kohë fëmija fillon të flasë më shpejt, duke përdorur fjali më të gjata e më komplekse dhe nis të vërë re plot gjëra të komplikuara rreth e rrotull tij në botë, për të cilat ka një dëshirë të madhe për të folur. Kjo dëshirë bën që fëmija të fillojë të ndjehet tepër i lënduar nga çdo gjë që e pengon në komunikimin e ideve që ka.

Një pjesë e mirë e fëmijëve, në këtë etapë të zhvillimit, fillojnë të përsërisin fjalë ose rrokje, zakonisht në fillim ose në fund të fjalisë. "Unë, unë, unë, unë pashë një mace të madhe në, në, në rrugë! Mami, mami, mami, mami.... macja bën, bën, bën, bën mjau-mjau". Në këtë fjali mund të vihen re ato gjëra që e ngatërrojnë fëmijën, një mendim i komplikuar apo një paqartësi rreth asaj që ka parë apo dëgjuar. Kësaj i shtohet dhe gjatësia e fjalisë dhe përbërja e saj abstrakte.

Në përgjithësi, kur fëmijët hezitojnë të shprehen, kanë një tendencë të natyrshme për të përsëritur një shprehje, një fjalë ose një rrokje. Më vonë, në moshë më të rritur, e shprehin hezitimin duke përdorur fjalë parazite, si: "domethënë", "si të themi", "si të thuash", "pastaj", "ë" etj. Por, në këtë moshë shihet vetëm përsëritja e elementëve të të folurit. Në disa raste, kur fëmija është shumë i pasigurt në vetvete e nuk di si të thotë diçka, ose kur është i emocionuar apo nervoz, vazhdon të përsërisë elementin në fjalë për një kohë të gjatë, si ,p.sh: "Unë, unë, unë, unë, unë, unë, unë, unë isha tek oborri dhe pashë, dhe pashë ca, ca, ca, ca, ca, ca milingona që po ecnin në rresht!" Këto përsëritje të një rrokjeje apo të një fjale të tërë, të bëra lehtësisht, nuk janë shkak për shqetësim, me përjashtim të rasteve kur një gjë e tillë fillon e ndodh gjithnjë e më shpesh.

Në rastin e mësipërm kemi të bëjmë veç me një mënyrë të foluri të fëmijës, i cili ka më shumë për të thënë, dëshiron të

41

thotë më shumë e më shpejt, por që mekanizmat e tij ver-
balë ose fjalori nuk janë aq të zhvilluar sa të plotësojnë nev-
ojën e tij për komunikim. Por, megjithëse nuk janë jashtë
normales së zhvillimit gjuhësor, elementët e përsëritur në
të folur, sidomos kur kthehen në një gjë të zakonshme në
të folurën e fëmijës, mund të transformohen në belbëzim.

Kujdes!

Është e domosdoshme që çdo fëmijë, që shfaq këto
përsëritje, të trajtohet si një fëmijë që mund të zhvillojë bel-
bëzimin në të ardhmen. Nëse rreziku është i vogël dhe përp-
jekjet do të jenë më të lehta, por belbëzimi është një gjë aq
e rëndë për jetën e fëmijës, saqë nuk mund të neglizhohet
me idenë se "kush e di, ndoshta i largohet vetë me kalimin
e kohës".

Rrjedhshmëria

Fjala rrjedhshmëri përdoret për të treguar lehtësinë me të cilën prodhohet të folurit. Një trevjeçar me zhvillim të mirë, thotë: "Po mirë, po mirë mami, po pse macja, ndjek, ndjek miun?" Kurse një fëmijë me zhvillim gjuhësor më të ulët, më pak i sigurt në fjalët dhe gramatikën që përdor dhe më i ngadalshëm në lëvizjen e muskujve, që shërbejnë për të prodhuar të folurin mund të thotë: "Po, po, po, po mirë ma-mami, po, po, po pse, po pse macja ndjek, e ndjek miun?"

Zhvillimi
Zhvillimi i të folurit te fëmijët ka dy komponentë, mbi të cilët duhet konsideruar rrjedhshmëria:
»   kërkesa për rrjedhshmëri
»   kapaciteti i fëmijës për ta përmbushur këtë kërkesë.
Me kapacitet nënkuptohet:
»   aftësia e fëmijës për të lëvizur mekanizmin e prodhimit të tingujve,
»   aftësia për të zgjedhur fjalët e duhura,
»   aftësia për të ndërtuar fjali të kuptueshme nga të tjerët,
»   aftësia për të kuptuar nëse ajo që po thotë është ajo që duhet thënë në një situatë të caktuar.

Me rritjen e fëmijës maturohet dhe kapaciteti. Fëmija e ka gjithnjë e më të lehtë të thotë ato që do të thotë. Kjo vihet re lehtësisht, sepse duket që fëmijëve fillon t'ju duhet më pak kohë për të prodhuar tinguj, për të gjetur fjalët e për të ndërtuar fjalitë.

Si rezultat fillojnë të kenë më pak hezitime e përsëritje e për pasojë një të folur më të shpejtë. Kërkesa për rrjedhshmëri, zakonisht vjen nga ambienti ku fëmija rritet, nga prindërit, vëllezërit, motrat, shokët, por edhe nga vetvetja. Rritja sjell me vete dhe një kërkesë më të lartë për rezultate në aktivitetin e tij. Aktiviteti fizik në këtë fazë shoqërohet me një të folur, që përmbledh lehtësisht ato që fëmija kërkon të thotë, duke mbrojtur kërkesat e tij.

Jo e gjithë kërkesa për rrjedhshmëri vjen nga njerëzit rreth fëmijës, pjesa më e madhe e saj vjen nga brenda. Është ai ose ajo vetë që kërkon të flasë më shpejt dhe më mirë. Në të njëjtën kohë, kur prindi kërkon që fëmija të flasë në mënyrë inteligjente dhe të rrjedhshme, vogëlushi gjithashtu përpiqet të arrijë atë që i kërkohet, por jo sepse i kërkohet, por për shkak të nevojës për zhvillim që ai vetë ndjen. Shpesh fëmijët kanë plot gjëra për të thënë, por u mungojnë mjetet gjuhësore për t'i thënë. Kjo i bën të ndihen të pafuqishëm e për pasojë nervozohen me veten e ndaj ambientit që i rrethon.

Për sa kohë që zhvillimi gjuhësor i fëmijës do të vazhdojë me të njëjtin ritëm me zhvillimin e tij fizik e mendor, fëmija nuk do të hezitojë, nuk do të përsërisë fjalët, belbëzojë apo ngatërrohet kur flet. Por kur nga mekanizmi gjuhësor i fëmijës kërkohet më shumë sesa është kapaciteti i tij, fëmija do të përpiqet të bëjë si të bëjë për të plotësuar kërkesën. Në këto raste vihen re përsëritje më të shpeshta të tingujve, rrokjeve, fjalëve, fjalive dhe hezitime të ndryshme.

Për më tepër, fëmija fillon dhe e ndjen përsëritjen si harxhim kohe të kotë ose, nëse e kupton se përsëritjet janë një gjë e "keqe" dhe që ai nuk duhet të flasë në atë mënyrë, fillon të shtyjë me forcë fjalët e përsëritjet fillojnë të bëhen dhe më të shpeshta, si për të kaluar sa më shpejt në pjesën tjetër të fjalisë.

Në këtë pikë, është e lehtë të vësh re që fëmija ka nisur të mundohet dukshëm kur flet.

Përpjekja për të folur me zor, e manifestuar me një numër të madh përsëritjesh, me përsëritjen e elementëve të vegjël të fjalës, si tinguj apo rrokje, në prani të dukshëm të një sforcimi të zërit dhe me sforcim të dukshëm fizik të aparatit të të folurit, është BELBËZIM.

Akoma shkenca nuk ka arritur të kuptojë përse belbëzimi zhvillohet vetëm te disa fëmijë e jo tek të gjithë. Gjenetika duket që luan një rol të rëndësishëm, sepse belbëzimi ka një përsëritje më të shpeshtë te familjet me belbëzues të tjerë. Gjenet, pra, mund të thuhet që luajnë një rol, por është e qartë se nuk është komplet "faji" i tyre. Ka plot familje me të dy prindërit belbëzues, fëmijët e të cilëve kanë zhvilluar një të folur normal. Në të kundërt, ka plot fëmijë që belbëzojnë dhe në familjet e tyre, madje edhe në rrethin farefisnor, nuk gjendet asnjë belbëzues.

Nga ana tjetër, zhvillimi i belbëzimit duket se është i lidhur ngushtë me ambientin ku fëmija rritet dhe botën në të cilën jeton.

Me gjithë besimet e paragjykimet, belbëzimi nuk krijohet nga gudulisja e fëmijës apo nga imitimi i një personi tjetër belbëzues. Fëmija belbëzues nuk ka as vonesa zhvillimi apo paaftësi të tjera fizike dhe mendore, dhe për më pak, nuk vuan as nga ndonjë çrregullim i personalitetit.

Tërheqja e dukshme nga aktiviteti shoqëror dhe ndrojtja, të cilat shfaqen në disa raste, janë zakonisht pasoja të vetë çrregullimit të të folurit, si një reagim ndaj pamundësisë për t'u përballur plotësisht me situatat e komunikimit. Megjithatë, ky lloj reagimi, me kalimin e kohës fillon dhe rëndon gjendjen psikike të fëmijës, duke rënduar njëkohësisht dhe belbëzimin.

Një pjesë e fëmijëve, nga ana tjetër, zhvillojnë belbëzimin në mënyrë të menjëhershme, pa shenja paralajmëruese dhe zakonisht pas një situate stresuese emocionale, të menjëhershme ose të vazhdueshme për disa kohë. Këtë e gjejmë shpesh sot te fëmijët, që kanë përjetuar ngjarje të rënda në familje dhe në shoqëri, siç mund të merret rasti i ngjarjeve të vitit 1997.

Megjithëse nuk kemi një statistikë të plotë, unë kam hasur personalisht disa belbëzues, që fillimet e çrregullimit të tyre i kanë pasur në atë vit, pas një traume të rëndë psikologjike, të shkaktuar nga frika e armëve.

Por, edhe mungesa për një kohë të gjatë e njërit prej prindërve, zhvendosja nga një qytet në tjetrin, ndryshimi i kopshtit apo shkollës, një vdekje apo një sëmundje e rëndë në familje dhe shpesh shtrimi në spital i fëmijës, janë vërtetuar se kanë zgjuar belbëzimin te disa fëmijë.

Nga literatura del se shpesh fëmijët kanë një periudhë heshtjeje të plotë, pas së cilës kanë filluar të belbëzojnë.

Në rastet më të rralla, belbëzimi është vërtetuar se ka ndodhur edhe pas një goditjeje të rëndë në kokë.

Reagimi i prindërve ndaj belbëzimit

Belbëzimi i fëmijës i bën të gjithë prindërit nervozë. Ndjenja e turpit, frikës, padurimit dhe shqetësimit shprehen hapur në fytyrën e prindit, kur fëmija fillon të flasë, ndërsa belbëzimi e mundon dhe e lodh.

Shpesh, në një dhimbje simpatie, prindërit dhe sidomos nënat, marrin të njëjtat shprehje të fytyrës që bën fëmija belbëzues. Të krijohet ideja sikur prindi reflekton si një pasqyrë vuajtjen e fëmijës. Megjithëse kjo është e kuptueshme, siç e thamë dhe më parë, është gjithashtu shumë e dëmshme. Në prani të belbëzimit, prindërit shpesh përpiqen të hedhin vëmendjen diku tjetër, për të mos u ndjerë keq. Kjo vazhdon për sa kohë fëmija flet. Një formë tjetër është dhe ngrirja e plotë emocionale e prindit, për të mos shprehur dhimbjen dhe pakënaqësinë e tij ndaj mënyrës se si flet vogëlushi.

Të gjitha këto sjellje dhe ndjenja të prindërve, e bëjnë fëmijën të ndihet akoma më keq, duke përkeqësuar drejtpërdrejt belbëzimin. Fëmija fillon të ndihet në faj për mënyrën se si flet dhe përpiqet akoma më shumë të flasë rrjedhshëm, por, duke mos pasur mjetet e duhura e të rregullta në të folurën e tij, i gjithë mundimi shkon kot dhe belbëzimi keqësohet akoma edhe më tepër.

Sa më shumë fëmija përpiqet, aq më shumë muskujt e tij sforcohen, duke sjellë për pasojë jo vetëm moskorrigjimin e të folurës, por dhe deformimin muskulor gjatë të folurës.

Ky rreth vicioz, që nis tek belbëzimi i vogëlushit, përshkon në mënyrë të dukshme prindin dhe kthehet te fëmija i amplifikuar në stres, si pasojë përkthehet në shkaktarin e shumicës së rasteve të belbëzimit të fëmijës, ndaj duhet shmangur.

Reagimi negativ

Fëmija belbëzues, që fillon të marrë në vazhdimësi këto sinjale negative nga prindi, pak nga pak fillon të zhvillojë një kompleks faji, i cili sjell dhe humbjen e besimit në aftësitë e veta për të komunikuar me të tjerët. Paaftësia për të komunikuar, ashtu siç do prindi, shpesh e bën të ndjehet i paaftë për gjithçka tjetër.

Me kalimin e kohës dhe me ndërgjegjësimin e vogëlushit për problemin e tij në të folur, fillon dhe instalimi i ndjenjës së fajit, turpit dhe frikës.

Gjithçka mund të marrë proporcione të ekzagjeruar, deri në krijimin e bindjes se është i keq, i paaftë për të qenë ashtu siç e do prindi, i paaftë për të bërë diçka siç duhet, i mangët, fajtor për diçka që nuk arrin të kuptojë e, në fund, arrin të ndjehet i parëndësishëm në këtë botë.

Kjo situatë, nga ana mekanike, fillon të demonstrohet në shmangien totale të "fjalëve të vështira" dhe "situatave të vështira", që në fund sjellin panikun dhe shpesh mbylljen në vetvete apo heshtjen totale në mënyrë vullnetare.

Ç'mund të bëhet për të shmangur këtë situatë?

Nëse e vutë re nga ato që thamë më lart, nuk është belbëzimi ai që e ka përkeqësuar gjendjen, por reagimi negativ dhe i dukshëm i prindit. Për të thyer këtë rreth vicioz të së keqes, prindërit duhet të mësojnë si të shmangin sjelljet negative ndaj belbëzimit dhe vetë fëmijës. Shpesh është më e vështirë për prindin sesa për fëmijën dhe kjo bëhet shkak për mosarritjen e rrjedhshmërisë të të voglit.

Para se një prind të fillojë të ndihmojë fëmijën, është mirë të informohet rreth problemit, duke shmangur plotësisht paragjykimet, besëtytnitë dhe këshillat nga persona të pakualifikuar në këtë fushë. Në fund të këtij libri do të gjeni një material mbi mitet dhe bestytnitë për belbëzimin.

Një mënyrë e mirë për të kuptuar se ç'është rrjedhshmëria totale në të folur, është mirë të kuptojmë drejt se ç'është rrjedhshmëria. E shohim vetëm në ambientin artificial të kinematografisë, ku regjisori zgjedh një nga dublat e shumta që ka filmuar në sheshin e xhirimit.

Ky shembull tregon se askush nuk është plotësisht i rrjedhshëm. Mundohuni të vrojtoni njerëzit rreth jush në mënyrën se si flasin. Me habi do të vini re se askush nuk është plotësisht i rrjedhshëm në të folur. Të gjithë hezitojnë e ndonjëherë u mbahet goja.

Nuk duhet harruar që shpesh, gabimet e dukshme në të folur, janë thjesht një mënyrë që njerëzit përdorin për të fituar kohë, për t'u menduar më gjatë rreth asaj që duan të thonë.

Rreth 25% e fëmijëve të moshës parashkollore, kalojnë në mënyrë normale periudha të ndryshme parrjedhshmërie dhe thuajse gjysma e tyre i kalojnë këto faza pa asnjë ndihmë e vëmendje. Për pjesën tjetër të fëmijëve, një ndërhyrje nga ana e prindit apo edhe specialistit, që në fillesat e problemit, sjell një rikuperim të rrjedhshmërisë në rreth 98% të rasteve. Përballja e prindit me problemin dhe trajtimi i tij me gjakftohtësi dhe durim, jep rezultate tepër të dukshme që në fillim dhe shmang plotësisht instalimin e belbëzimit kronik.

Trajtimi i suksesshëm
i parrjedhshmërisë

Lejoni vogëlushin të mbarojë atë që po thotë edhe nëse shikoni se po belbëzon në mënyrë të rëndë e të dukshme. Nëse me gjithë mend doni ta ndihmoni, mos e ndërprisni kurrë.

Ky është ligji bazë i trajtimit që ju si prindër mund t'i bëni fëmijës. Nëse e shihni se një fjalë nuk arrin të dalë nga goja e të voglit, mos e thoni në vend të tij, por pyeteni nëse kërkon ndihmë që ta thotë. Kur keni marrë një pohim nga fëmija, atëherë thuajeni ngadalë dhe qartë, pa e përsëritur. Vogëlushi duhet të mësojë të jetë në kontroll të të folurës së tij dhe, duke i kërkuar leje, i lejoni ta mbajë këtë kontroll edhe pse mund t'i mbahet goja.

Shpesh kjo mund t'i duket fëmijës si jo e rregullt dhe e mërzitshme, por nga ana tjetër do të kuptojë se ndihma do i duhet ndonjëherë dhe nuk do ketë frikë ta kërkojë. Në këtë mënyrë, i jepet mesazhi se nuk është e nevojshme të nxjerrësh me zor fjalët; ka dhe mënyra të tjera për t'u përballur me belbëzimin. Kur ky koncept t'i jetë ngulitur, nuk do i duhet më ndihma e askujt dhe një nga problemet e mëdha do jetë shmangur.

Sugjerimet e dëmshme
dhe besimet e gabuara

Shpesh kam dëgjuar nga prindërit se kur fëmija dety-
rohet të flasë ngadalë, e folura e tij është e mirë. Ideja se
nëse fëmija merr frymë thellë dhe flet ngadalë shmang bel-
bëzimin, nuk është vetëm e gabuar, por dhe e dëmshme.

Si fillim duhet thënë se mund të jetë vetë belbëzimi ai që
ka krijuar probleme në ritmin dhe rregullsinë e frymëmar-
rjes së vogëlushit.

Kurse, ngadalësimi në të folur, megjithëse shpesh jep re-
zultat në të gjitha moshat, nuk arrin të mbahet për një kohë
të gjatë as nga të rriturit e jo më nga një fëmijë, i cili ka pak
kontroll mbi vetveten.

Në të dyja rastet, pra, kërkesa për të marrë frymë mirë
e për të folur ngadalë, ka mundësi t'i japë vogëlushit me-
sazhin se diçka nuk shkon tek ai ose, më keq akoma, se diçka
nuk po e bën siç duhet e për këtë është fajtor.

Duke i kërkuar të flasë ndryshe nga normalja, fëmija fillon
të humbasë besimin në kapacitetet e tij për të komunikuar
dhe fillon t'i zbehet besimi dhe respekti për vetveten.

Për të kuptuar se si ndihet vogëlushi, përpiquni t'i bini një
vegle muzikore, për të cilën keni marrë ca leksione kur keni
qenë fëmijë. Do e kuptoni shpejt se loja juaj është qeshar-
ake dhe e paplotë. Këtë do të ndiejë vogëlushi, nëse ju i lini

të kuptojë se e folura e tij nuk është ashtu siç duhet.

Pasi të jetë bindur se diçka nuk shkon në mënyrën se si flet, fëmija mund të fillojë të ndërtojë hile në të folur. Do nisë të shmangë plotësisht fjalë të caktuara. Fiziku i tij do marrë poza të deformuara, gjatë përpjekjeve për të nxjerrë fjalët me zor nga goja.

E folura e rrjedhshme te një fëmijë nuk ka të bëjë fare me dëshirën e tij për të folur rrjedhshëm. Sa më shumë të dëshirojë të flasë mirë, aq më shumë do të shtohet bel-bëzimi, si një zjarr që ushqen vetveten.

Për këtë arsye, tentativat për ta bindur fëmijën të flasë ndryshe mund të kthehen kundër asaj që prindërit kërko-jnë të bëjnë; në vend që ta korrigjojnë belbëzimin, mund ta keqësojnë.

Mëso të tolerosh parrjedhshmërinë

Kjo është më e vështira për prindërit. Në pamje të parë duket si një kërkesë e palogjikshme, por nuk është kështu. Mendo sikur ke para dikë që flet shumë pak shqip, por je i detyruar ta dëgjosh me vëmendje për të kuptuar atë që po kërkon të thotë.

Rasti i një fëmije belbëzues duket sikur nuk ka ngjashmëri me situatën e mësipërme, por, në të vërtetë, është po e njëjta gjë. Në të dyja rastet përpiqemi të kuptojmë atë që po thonë dhe kjo është më e rëndësishme sesa mënyra se si po e thonë. Për shkak të reagimeve negative, hezitimeve, vonesave dhe përsëritjeve të vogëlushit, prindi humbet vëmendjen ndaj asaj që fëmija po përpiqet të komunikojë.

Kërkohet shumë vullnet për të edukuar veten që të dëgjoni me durim deri në fund. Nëse nuk arrini ta bëni këtë, jeni ju pengesa kryesore në rrugën drejt rrjedhshmërisë së vogëlushit.

Të gjithë belbëzuesit në moshë të rritur pohojnë se në fëmini, për shkak të belbëzimit, askush nuk ka pasur durim t'i dëgjojë deri në fund dhe këtë mund ta them edhe nga eksperienca ime.

Komunikimi, mundësia për të thënë ato që ju shqetësojnë e ju gëzojnë, është baza e çdo raporti dypalësh, qoftë ky dhe ndërmjet prindit e fëmijës. Ndaj mos shihni se si fëmija flet, por dëgjoni atë që po thotë. Në këtë mënyrë do i tregoni se fjalët e tij janë të rëndësishme dhe se ai vetë është shumë i rëndësishëm. Prindërit shpesh ngatërrojnë mëshirën me respektin dhe kjo shkatërron besimin e fëmijës në vetvete.

Nëse do keni vullnet ta dëgjoni deri në fund vogëlushin, hezitimet e përsëritjet e tij do të rrallohen pak nga pak, sepse nuk do të ketë asgjë që ta nxitojë. Kush nxiton, gabon.

Belbëzimi nuk është tabu

Megjithëse belbëzimi është i dukshëm e i pamundur për t'u fshehur, njerëzit kanë tendencën për të mos folur rreth tij. Kjo sjellje, për respekt apo për turp, e ka kthyer belbëzimin në një subjekt, për të cilin askush nuk flet para belbëzuesit apo familjes së tij.

Duke mos ditur se si ta korrigjojnë, njerëzit preferojnë të heshtin. Nga ana tjetër besohet se duke folur rreth belbëzimit me belbëzuesin, mund të rëndohet më keq gjendja. Kjo nuk është aspak e vërtetë. Nëse fëmija e ka kuptuar se ka një problem në të folur, por askush nuk dëshiron të flasë për këtë, fillon t'i zhvillohet ideja se është tabu, zgjidhja e së cilës është vetëm heshtja.

Fëmija e kupton se ka një problem dhe shpesh, në mënyrë të pavetëdijshme, kërkon ndihmë te prindërit, por ata heshtin. Kjo sjellje i lë të kuptojë vogëlushit se belbëzimi është diçka e keqe, që duhet fshehur. Këtu fillon rëndimi akoma më i madh i parrjedhshmërisë.

Mund t'ju konfirmoj se ndjenjën e turpit e kam hasur tek të gjithë belbëzuesit, me të cilët kam pasur nderin të punoj në drejtim të rrjedhshmërisë. Për më tepër, kjo ndjenjë më ka bërë edhe mua të humbas shumë nga gjërat më të bukura të jetës sime. Më ka lënë me një vragë të rëndë nervozizmi, që e ka fillimin nga koha kur nuk arrija të shprehja dot të mirat dhe shfryja me duf të këqijat.

Një pjesë tjetër e belbëzuesve mendojnë se belbëzimi i tyre është i padëgjueshëm dhe përpiqen me të gjitha forcat ta mohojnë problemin. Edhe kjo sjellje i ka rrënjët që në fëmijërinë e hershme, kur gjithkush ka heshtur rreth problemit.

Nëse një prind sulet drejt fëmijës për ta ndihmuar kur ky rrëzohet, të njëjtën gjë duhet të bëjë edhe kur vogëlushi ngatërrohet në të folurën e tij. Ju garantoj se në të dyja rastet dhimbja është e njëjtë për fëmijën.

Njohja e problemit si pjesë e zgjidhjes

Nëse problemi është tepër evident, është e këshillueshme të flisni hapur me fëmijën. Shpjegimi është një proces që do kërkojë pak punë, por po të zgjidhni fjalët dhe shembujt e duhur do të shihni se vogëlushi do t'ju kuptojë. Me anë të kësaj, ju i thoni se jeni i shqetësuar për problemin, po aq sa edhe ai dhe se jeni gati ta ndihmoni me sa mundeni. Kjo do e bëjë raportin tuaj edhe më të fortë dhe më komunikues.

Megjithatë, duhet pasur kujdes që fëmija të mos alarmohet, por të kuptojë se nuk ka të bëjë me diçka të pariparueshme.

Një problem tepër i rëndësishëm është etiketimi. Belbëzimi dhe belbëzuesi janë dy gjëra të ndryshme. Një fëmijë që demonstron tendenca drejt parrjedhshmërisë në të folur, mund të ketë dhe momente gjatë ditës kur e folura e tij është normale, ndaj nuk është e drejtë të konsiderohet belbëzues, sepse kjo do i jepte shqetësimit një etiketim përfundimtar e të padiskutueshëm.

Pra, është mirë që belbëzimi i fëmijës të shihet si problem që duhet korrigjuar, i ndarë nga zhvillimi i fëmijës, që në aspektet e tjera mund të jetë normal, ndoshta dhe shumë i mirë. Duke mos pranuar stigmën e belbëzuesit, ju i jepni të kuptojë fëmijës që diçka duhet korrigjuar në të folurën e tij, njësoj siç nuk duhet harruar dhe larja e dhëmbëve para gjumit.

Përballja me problemin

Prindërit e kanë të vështirë të flasin me fëmijën rreth belbëzimit, ndoshta për të gjitha sa thamë më lart, por edhe sepse nuk dinë se si të përballen me një bisedë të tillë.

Kur jeni vetëm dhe vogëlushi ka belbëzuar dukshëm, pasi ka mbaruar së thëni atë që ka dashur të thotë, në mënyrë të natyrshme thoni diçka rreth belbëzimit të tij, por pa e bërë të ndihet në faj.

Shpjegojini se nganjëherë të gjithë kanë vështirësi në të folur. Përpiquni të hezitoni edhe ju nga pak, lehtësisht, për t'i treguar se askush nuk i kërkon një të folur të përsosur dhe se pak ngatërrime ndonjëherë nuk janë ndonjë gjë e keqe.

Është e rëndësishme që fëmija të kuptojë se megjithëse e folura e tij nuk ishte "edhe aq e mirë", ai përsëri është i rëndësishëm për ju dhe se të gjithë e duan shumë. Mos harroni se fëmija nuk e di se ç'është koncepti i dashurisë, por di veç ta ndjejë kur ajo i shfaqet.

Si të shtosh vetëbesimin e fëmijës

Fëmijët me probleme në të folur, siç e thamë edhe më lart, fillojnë pak nga pak të demonstrojnë pavendosmëri dhe humbje të besimit në forcat e veta. Për të shmangur këtë fillim, që mund të kthehet shpejt në një problem shqetësues, është mirë që prindërit, herë pas here, duke lënë mënjanë shqetësimin e tyre, të lavdërojnë vogëlushin për "rrëfimet" e tij. Kjo do i tregojë se ai është në një rrugë të drejtë dhe se prindërit janë të lumtur kur e kanë pranë e bisedojnë me të.

Për të arritur të ngrini moralisht fëmijën, përpiquni të gjeni ato pjesë të aktivitetit të vogëlushit, që ai i bën më mirë. Përpiquni ta shtoni aktivitetin e tij në këto drejtime, duke i dhënë në këtë mënyrë ndjesi të kënaqshme, ku vogëlushi do të ndjehet i vlerësuar. Në të njëjtën kohë, shmangni sa të mundni situatat që ju i njihni si problematike dhe që shtojnë parrjedhshmërinë.

Në të njëjtën formë, përderisa problemi që po flasim është e folura, kur shihni se fëmija po kalon një moment të vështirë me të folurën, minimizoni sa të mundni kërkesën për aktivitete ku duhet folur. Nga ana tjetër, nëse shihni se vogëlushi po kalon një ditë të mirë me të folurën, nxiteni të flasë sa më shumë, duke e lavdëruar, por jo për të folurën e tij direkt. Drejtojini lavdërimet për gjëra të tjera, si ato që ai po ju tregon apo shkathtësinë e tij për të kuptuar botën.

Duhet bërë kujdes që kjo sjellje të mos ekzagjerohet, sepse ka një rrezik që fëmija të heshtë plotësisht, në ato ditë që e folura e tij është veçanërisht e parrjedhshme.

Këto janë ato gjëra që, po t'i shohësh nga afër, të gjithë i dinë, por pjesa më e madhe nuk i vlerëson e nuk i përdor. Do t'ju lutesha, sinqerisht, të bëni sa të mundeni për fëmijën tuaj, mos neglizhoni asgjë, që një "Anjshtajn i ardhshëm" të mos përfundojë në një punë si murator e një politikan i ardhshëm të përfundojë jetën në vetmi.

Mite dhe legjenda mbi belbëzimin

Mite të popullsisë afro-amerikane

Sipas folklorit dhe besimeve afro-amerikane, belbëzimi shkaktohet në këto rrethana:
» kur nëna ha keq, kur ka fëmijën me gji
» kur fëmija lejohet të shihet në pasqyrë
» kur fëmija guduliset me teprim
» kur i priten flokët, para se të thotë fjalën e parë
» kur nëna sheh një gjarpër gjatë shtatzënisë
» kur nënës i bie padashur foshnja
» kur fëmija trembet kur është foshnje
» kur fëmija kafshohet nga qeni
» kur fëmija është pushtuar ose influencuar nga djalli

Zgjidhjet që folklori afro-amerikan sugjeron:
» belbëzimi mund të kontrollohet nga vetë fëmija
» belbëzimi mund të kontrollohet, duke i thënë fëmijës të mos lëvizë këmbën kur flet
» belbëzimi mund të kurohet, duke e qëlluar fëmijën në gojë me një peshqir të lagur
» belbëzimi kontrollohet, duke e detyruar fëmijën të mbajë një bërthamë poshtë gjuhës

Afrika e Jugut

Belbëzimi shkaktohet nëse:
» fëmija lihet në shi
» nuk informoni paraardhësit tuaj të vdekur për shtatzëninë
» fëmija traumatizohet emocionalisht
» fëmija guduliset me teprim
» "karma" (forca shpirtërore) është e dobët
» fëmija ka gjuhë të shkurtër

Zgjidhjet sipas folklorit afrikano-jugor
» mjekim
» vendosje e vajit të mentes në grykë
» lutje nga një prift
» kur fëmija i flet vetes në pasqyrë
» personi që belbëzon të hajë një frut, që e ka këputur një zog
» mbajtja e trupit drejt

Mite afrikane

Afrikanët mendojnë se belbëzimi shkaktohet nga imitimi i një belbëzuesi tjetër dhe mund të kurohet duke e kërcënuar fëmijën. Në një tjetër legjendë, afrikanët besojnë se belbëzimi shkaktohet nga mosprerja e membranës, që lidh gjuhën me bazën e gojës.

Gjithashtu, është i përhapur besimi se belbëzimi shkaktohet edhe nga një mallkim.

Zgjidhje sipas folklorit afrikan mund të jetë detyrimi i fëmijës të këndojë ose të pijë vetëm ujë të freskët nga një shtambë qeramike. Gjithashtu, besohet se nëse një fëmije i jepet të pijë ujë nga një guaskë deti për disa muaj rresht, belbëzimi do të zhduket.

Përdoren gjithashtu dhe metoda të dhimbshme, si: prerja e membranës, që përmendëm më lart.

Në Burkina Faso mendojnë se pluhuri i mbledhur nga foleja e bufit, i dhënë me ushqim, mund të zhdukë belbëzimin. Por ka dhe më keq! Në disa zona mendohet se, pasi kanë nxehur një thikë në zjarr, të cilën e kanë ftohur pak, e vendosin mbi buzët e fëmijës dhe në këtë mënyrë belbëzimi ikën menjëherë.

Kina

Sipas kinezëve, belbëzimi mund të kurohet duke goditur gojën e belbëzuesit në kohë me mot të keq. Një grua është dënuar me disa vjet burg, sepse ndezi 100 zjarre në fshat, me shpresën se do kuronte belbëzimin e fëmijës së saj.

Meksika

Meksikanët mendojnë se belbëzimi mund të korrigjohet nëse fëmija detyrohet të mbledhë në gojën e tij, vetëm me buzë, një spango rreth një metër të gjatë, në fund të së cilës ishte varur një peshë e vogël.

Në të tjera raste është besuar se, nëse një gjinkallë e gjallë këndon brenda gojës së fëmijës, problemi do të kalojë.

Evropa

Islandezët besojnë se, nëse një grua shtatzënë pi ujë nga një gotë e krisur, fëmija do të lindë me belbëzim.

Si kurë për belbëzimin, suedezët sugjerojnë një javë me heshtje të plotë, më pas një javë vetëm me pëshpëritje, më pas, javë pas jave, duke e ngritur pak e nga pak zërin.

Islandezët mendojnë se duke murosur kockën e fytit të një qengji në muret e shtëpisë, fëmija do të lindë me një elokuencë të madhe.

Mite me origjinë të panjohur

Në një nga këto mite thuhet se kur një fëmijë mëngjarash detyrohet të shkruajë me dorën e djathtë, mund të zhvillojë belbëzimin. Për këtë mit merret si shembull mbreti Xhorxh VI i Anglisë, i cili u detyrua nga mësuesit të shkruante me të djathtën.

Nuk duhet lënë pa theksuar në këtë rast se, sipas një studimi të bërë në vitin 1912, fëmijët që ishin detyruar të ndryshonin dorën në të shkruar, përfaqësonin një përqindje më të lartë belbëzuesish sesa të tjerët. Kjo teori, megjithatë ka dyshimet e veta për metodën mbi të cilën është bërë studimi.

Mite kurash me origjinë të panjohur për belbëzimin

Në epokën viktoriane të Evropës mendohej se, duke lexuar me zë të lartë, për rreth një orë në ditë, belbëzimi do të largohej. Ka pasur dhe raste kur doktorë sharlatanë kanë sugjeruar se gjuha e fëmijës ishte shumë e lodhur nga pesha e vet, ndaj një pjesë e majës së saj duhej prerë. Mendojini vetë pasojat.

Në disa raste është sugjeruar mbajtja e një monedhe të vogël poshtë gjuhës, gjë që ka shkaktuar dëmtime të dhëmbëve dhe mukozave.

Ka edhe zgjidhje qesharake, si legjenda që thotë se një belbëzues, po të qëndrojë një vit pa folur fare, do ta harrojë belbëzimin!

Literaturë e përdorur

Stuttering prevention. Woodriff Starkweather, Ph.D., Sheryl Ridener Gottwald, Ph.D., Murray Halfond, Ph.D.

Hixon, T. J., Shribers, L. D., & Saxman, J. H. (Eds.). (1980). Introduction to Communication Disorders.

King, R. R. & Sommers, R. K. (1986). Talking Tots: Normal and Impaired Communication Development of Preschool Children

Oyer, H. J., Crowe, B., & Haas, W. H. (1987). Speech, Language, and Hearing Disorders: A Guide for the Teacher.

Van Hattum, R. J. (Ed.). (1980). Communication Disorders. AN Introduction. New York: Macmillan.

Fraser, Jane (2005). If Your Child Stutters: A Guide for Parents.

Judy Kuster, April 19, 2004. The Angel of Bethesda, botuar Gordon W. Jones

Culture-Based Considerations in Programming for Stuttering Intervention with African American Clients and Their Families, LSHSS, Volume 29, p. 172-179)

"Switching-Causes-Stuttering" Myth from Left-handed Myths by Lorin Elias

Lightning Source UK Ltd.
Milton Keynes UK
UKHW020805260522
403565UK00011B/853